ZAAWANSOWANA ANALIZA TECHNICZNA DLA RYNKU FOREX

Wnieś Swoją Analizę Techniczną Na Wyższy Poziom i Zarabiaj Więcej

WAYNE WALKER

Książka ta została napisana mając jako cel przekazanie jak najbardziej dokładnych i wiarygodnych informacji. Przed podjęciem jakichkolwiek działań opisanych w niniejszej publikacji należy skonsultować się z profesjonalistami.

Oświadczenie to jest uważane za uczciwe i uznawane zarówno przez Amerykańską Radę Adwokacką, jak i przez Komitet Stowarzyszenia Wydawców i jest prawnie wiążące w całych Stanach Zjednoczonych.

Informacje na następnych stronach są zasadniczo uważane za zgodne z prawdą i dokładne przedstawienie faktów i jako takie wszelkie nieuwagi, wykorzystanie lub niewłaściwe wykorzystanie informacji, o których mowa, spowoduje, że wszelkie wynikające z tego działania będą leżały wyłącznie w zakresie kompetencji czytelnika. Nie ma scenariuszy, w których wydawca lub pierwotny autor tej publikacji może być w jakikolwiek sposób uznany za odpowiedzialnego za jakiekolwiek trudne doświadczenia lub szkody, które mogą spotkać czytelników po zapoznaniu się z informacjami przedstawionymi w niniejszej publikacji.

Spis Treści

WPROWADZENIE

Gratuluję Ci zakupu mojej książki pt. "*Zaawansowana Analiza Techniczna Dla Rynku Forex*". Kontynuujemy naszą podróż od pierwszej książki, aby uzyskać szersze i głębsze zrozumienie analizy technicznej dla rynku Forex. Nacisk stale kładę na praktyczne zastosowania. Zapoznasz się z nowymi strategiami oraz nauczysz się je stosować w prawdziwym tradingu. Zbadamy również bardziej zaawansowane wskaźniki analizy technicznej, które mogą zwiększyć Twoją skuteczność w generowaniu zysków.

Ostatnie rozdziały obejmują *zaawansowaną analizę fundamentalną* i często pomijany obszar psychologii tradera. Rozdziały te będą przydatne dla traderów każdego poziomu. Bardzo dziękuję za wybranie tej książki!

ROZDZIAŁ 1:
Podstawy Tworzenia Wykresów

Podstawy Tworzenia Wykresów

Wykresy są najlepszym narzędziem dla tradera na rynku Forex. Jako trader najprawdopodobniej będziesz korzystać ze swoich wykresów częściej niż z jakiegokolwiek innego dostępnego narzędzia. Z uwagi na to, że Twoje wykresy będą odgrywać tak dużą rolę w Twoim handlu, ważne jest, abyś się z nimi zapoznał. Im bardziej czujesz się komfortowo ze swoimi wykresami, tym łatwiej będzie Ci stać się inwestorem na rynku Forex, który zarabia.

Aby pomóc Ci zapoznać się z wykresami i jak skutecznie z nich korzystać, omówimy następujące pojęcia: Ustawienia Wykresu, Ramy Czasowe Wykresu, Rodzaje Wykresów. W kolejnych rozdziałach omówimy również przydatne wskaźniki techniczne, które możesz dodać do swoich wykresów, aby poprawić swoje wyniki handlowe. Zaczniemy od kilku podstawowych koncepcji, aby później szybko przygotować Cię do bardziej zaawansowanych treści.

Ustawienia Wykresu

Zacznijmy od podstaw i przyjrzyjmy się jak wygląda wykres cenowy Forex. Gdy zrozumiesz podstawy, łatwiej będzie Ci zastosować bardziej zaawansowane koncepcje w swojej analizie technicznej. Wykresy cenowe Forex zbudowane są na dwóch osiach: osi X (oś pozioma) i osi Y (oś pionowa).

Oś X biegnie poziomo wzdłuż dolnej części wykresu, zapewniając oś czasu dla wszystkiego, co wydarzyło się na wykresie. Ostatni manewr cenowy jest pokazany po prawej stronie wykresu.

Oś Y biegnie pionowo wzdłuż prawej strony wykresu, zapewniając skalę cenową dla ruchu ceny na wykresie. Niższe ceny są wyświetlane w dolnej części wykresu, a wyższe ceny są wyświetlane w górnej części wykresu.

Kiedy połączysz obie osie razem, możesz zobaczyć po jakiej cenie para walutowa była wymieniana w określonym czasie w przeszłości.

Rodzaje Wykresów

Wykresy Forex dają możliwość analizowania ruchu ceny pary walutowej w różnych formatach, od wykresów słupkowych po wykresy świecowe. Masz możliwość wyboru najlepszego formatu dla siebie.

Analiza techniczna to umiejętność rozwijana przez traderów, a różni traderzy lubią ćwiczyć swoją "sztukę" na różnych rodzajach wykresów. Niektórzy traderzy uważają, że mogą lepiej widzieć i analizować poziomy wsparcia i oporu na wykresie liniowym, podczas gdy inni traderzy uważają, że otrzymują więcej informacji na temat ruchów cen na wykresie słupkowym lub świecowym. Analitycy techniczni zwykle pracują z następującymi trzema rodzajami wykresów:

Wykresy Liniowe

Wykresy liniowe są najbardziej podstawowym rodzajem wykresu. Analitycy techniczni często używają wykresów liniowych, aby szybko zidentyfikować poziomy wsparcia i oporu. Wykresy liniowe zawierają tylko podstawowe informacje, co oznacza, że nie ma na nich zbyt wielu innych informacji, które mogłyby zaciemnić Twoją analizę. Wykres liniowy tworzy się kreśląc cenę zamknięcia każdego okresu handlowego na wykresie, a następnie łącząc każdą cenę zamknięcia linią. Poniżej możesz zobaczyć przykład wykresu liniowego.

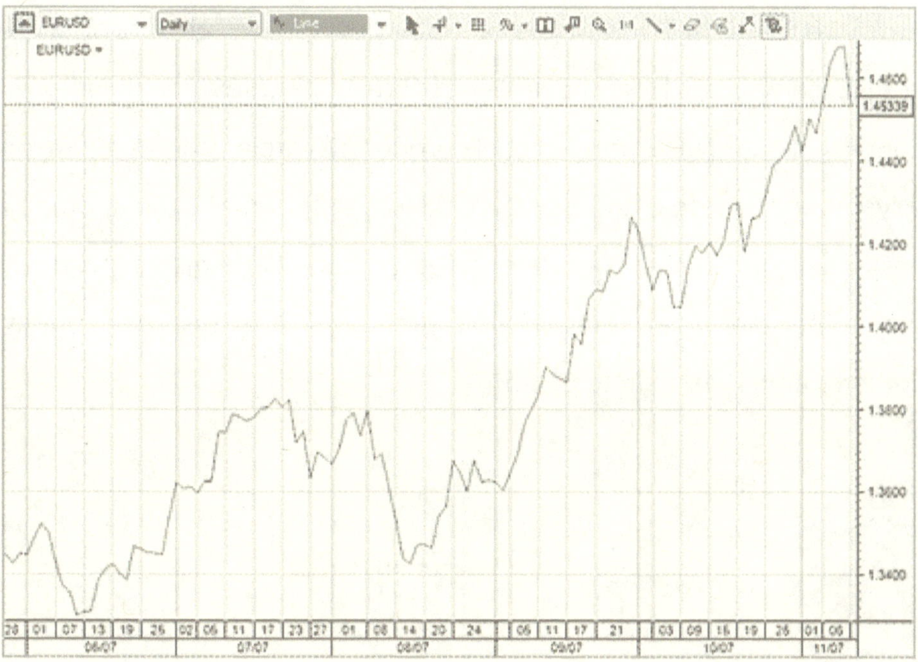

Wykresy Słupkowe

Wykresy słupkowe dostarczają więcej informacji niż wykres liniowy. Traderzy techniczni często używają wykresów słupkowych, aby uzyskać więcej informacji o tym, jak zmieniała się cena pary walutowej w każdym okresie handlowym. Podczas gdy wykresy liniowe przedstawiają tylko cenę zamknięcia z każdego okresu handlowego, wykresy słupkowe przedstawiają ceny otwarcia, najwyższe i najniższe ceny oraz ceny zamknięcia z każdego okresu.

Wykres słupkowy tworzy się kreśląc serię słupków na wykresie. Każdy słupek reprezentuje jeden okres tradingowy. Aby utworzyć słupek, kreślisz najwyższą i najniższą cenę okresu handlowego i łączysz je pionową linią. Następnie kreślisz cenę otwarcia po lewej stronie narysowanej właśnie linii pionowej i łączysz ten punkt z linią pionową kreśląc linię poziomą. Na koniec kreślisz cenę zamknięcia po prawej stronie narysowanej właśnie linii pionowej i łączysz ten punkt z pionową linią kreśląc linię poziomą.

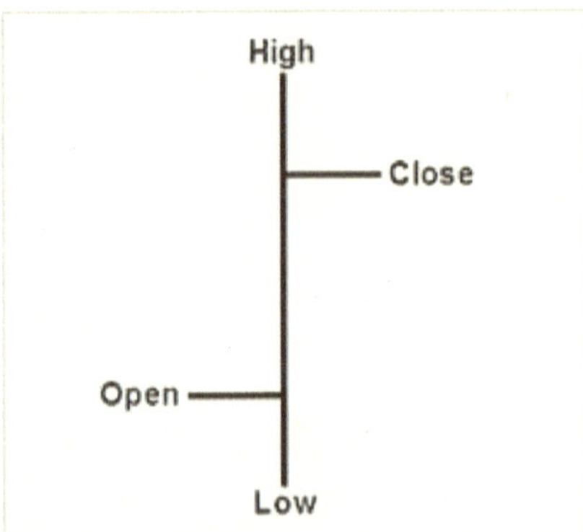

Zobaczenie, gdzie para walutowa rozpoczęła okres wymiany i porównanie tego do miejsca, w którym zakończyła okres wymiany może pomóc w lepszej identyfikacji trendów. Jeśli cena zamknie się wyżej niż została otwarta, wiesz, że inwestorzy wkładali pieniądze w tę parę walutową w okresie jej wymiany. Jeśli cena zamyka się poniżej poziomu otwarcia, wiesz, że inwestorzy sprzedawali tę parę walutową w okresie jej wymiany. Poniżej możesz zobaczyć przykład wykresu słupkowego.

Wykresy Świecowe

Wykresy świecowe dostarczają podobnych informacji jak wykresy słupkowe, ale w nieco innym formacie. Traderzy techniczni często używają wykresów świecowych zamiast wykresów słupkowych, ponieważ łatwiej jest zobaczyć i zidentyfikować różne wzorce handlowe za pomocą wykresów świecowych. W rzeczywistości wokół tych wykresów opracowano kompletną linię analizy technicznej. Mowa tutaj o japońskiej analizie wykresu świecowego.

Wykres świecowy tworzy się kreśląc serię świec na wykresie. Każda świeca reprezentuje jeden okres handlowy. Aby stworzyć świeczkę, wykreślasz najwyższą i najniższą cenę okresu handlowego i łączysz je pionową linią. Ta linia nazywa się cieniem lub knotem świecy. Następnie kreślisz cenę otwarcia, rysując poziomą linię przechodzącą przez linię pionową lub cień. Po wykreśleniu ceny otwarcia, wykreślasz cenę zamknięcia, rysując kolejną linię poziomą przechodzącą przez linię pionową. Na koniec wypełniasz obszar między ceną otwarcia a ceną zamknięcia. Ten obszar nazywany jest korpusem świecy.

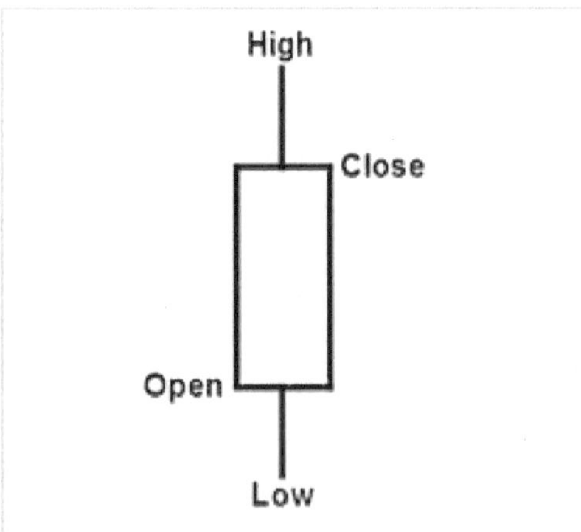

Wiedza, gdzie para walutowa rozpoczęła okres wymiany i porównanie tego do miejsca, w którym zakończyła okres wymiany może pomóc w lepszej identyfikacji trendów. Jeśli cena zamknie się wyżej niż została otwarta, wiesz, że inwestorzy wkładali pieniądze w tę parę walutową w okresie jej wymiany. Jeśli cena zamyka się poniżej poziomu otwarcia, wiesz, że inwestorzy sprzedawali tę parę walutową w okresie jej wymiany.

Poniżej możesz zobaczyć przykład wykresu świecowego.

ROZDZIAŁ 2:
Wskaźniki Techniczne

Wskaźniki Techniczne

Wykresy opowiadają historię rynku. Jednak od czasu do czasu te wykresy mogą opowiadać historię, której nie rozumiesz i możesz potrzebować pomocy wskaźników. Wskaźniki techniczne są interpretatorami rynku Forex. Patrzą na informacje o cenach i przekładają je na proste, łatwe do zrozumienia sygnały, które mogą pomóc Ci określić, kiedy kupić, a kiedy sprzedać parę walutową.

Wskaźniki techniczne opierają się na równaniach matematycznych, które generują wartość, która jest następnie wykreślana na wykresie. Na przykład średnia ruchoma oblicza średnią cenę pary walutowej w przeszłości i wykreśla punkt na Twoim wykresie. W miarę przesuwania się wykresu walutowego średnia ruchoma przedstawia nowe punkty w oparciu o zaktualizowane informacje o cenie, jakie posiada. Ostatecznie średnia ruchoma daje płynne wskazanie, w którym kierunku porusza się para walutowa.

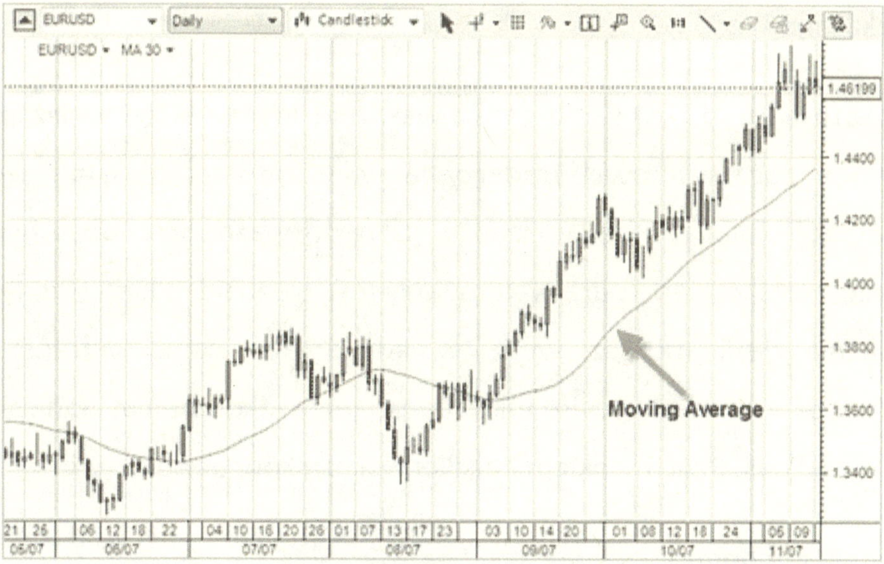

Każdy wskaźnik techniczny dostarcza unikalnych informacji. Przekonasz się, że w naturalny sposób będziesz skłaniał się ku określonym wskaźnikom technicznym opartym na Twoim stylu handlu, ale ważne jest, aby zapoznać się z kilkoma (nie wszystkimi) dostępnymi wskaźnikami technicznymi.

Powinieneś także zdawać sobie sprawę ze słabości związanych ze wskaźnikami technicznymi: Wskaźniki techniczne patrzą na historyczne dane cenowe, dlatego nie ma gwarancji, że wiedzą coś konkretnego na temat przyszłości. Wskaźniki techniczne podzielone są na następujące kategorie: Wskaźniki Trendu, Oscylatory oraz Wskaźniki Wolumenu.

Wskaźniki Trendu

Wskaźniki trendu, jak sama nazwa wskazuje, identyfikują i podążają za trendem pary walutowej. Traderzy na rynku Forex zarabiają najwięcej, gdy pary walutowe są w trendzie. Dlatego ważne jest, abyś był w stanie określić, kiedy para walutowa jest w trendzie, a kiedy się tylko umacnia. Jeśli możesz wejść w swoje transakcje wkrótce po rozpoczęciu trendu i wyjść wkrótce po jego zakończeniu, odniesiesz spory sukces. Rzućmy okiem na kilka wskaźników trendu.

Średnia Ruchoma

Średnie ruchome są najbardziej podstawowym wskaźnikiem trendu. Pokazują w jakim kierunku zmierza para walutowa i gdzie mogą znajdować się potencjalne poziomy wsparcia i oporu. Same średnie ruchome mogą służyć zarówno jako wsparcie, jak i opór. Omawiając średnie ruchome, przyjrzymy się następującym trzem tematom: Jak tworzone są średnie ruchome, sygnał handlowy średniej ruchomej oraz mocne strony średnich ruchomych.

Jak Buduje Się Średnią Ruchomą?

Średnie ruchome są tworzone poprzez znalezienie średniej ceny zamknięcia pary walutowej w dowolnym momencie, a następnie wykreślenie tych punktów na wykresie. Wynik daje płynną linię, która podąża za ruchem ceny pary walutowej.

Możesz manipulować średnią ruchomą, dostosowując ramy czasowe, które uwzględnia wskaźnik, aby uzyskać średnią cenę. Średnie ruchome, które uwzględniają mniejszą liczbę okresów w celu określenia średniej są zwykle bardziej zmienne. Średnie ruchome, które uwzględniają więcej okresów w celu określenia średniej są mniej zmienne.

Sygnały Handlowe Średniej Ruchomej

Średnie ruchome dostarczają użytecznych sygnałów wejścia i wyjścia dla par walutowych, które są w trendzie:

Sygnał Wejścia - Gdy para walutowa, która ma trend wzrostowy, wraca do góry po osiągnięciu średniej ruchomej trendu wzrostowego lub gdy para walutowa, która ma trend spadkowy, powraca w dół po osiągnięciu średniej ruchomej trendu spadkowego.

Sygnał Wyjścia - Gdy otwierasz transakcję na parze walutowej, która ma tendencję wzrostową, ustawiasz stop loss poniżej średniej ruchomej. Gdy średnia ruchoma rośnie, przesuwaj stop loss w górę wraz ze średnią ruchomą. Jeśli para walutowa przełamie się wystarczająco daleko poniżej średniej ruchomej, Twój stop loss zamknie Twoją transakcję.

Kiedy otwierasz transakcję na parze walutowej, która ma trend spadkowy, ustaw stop loss powyżej średniej ruchomej. Gdy średnia ruchoma spada, przesuń stop loss w dół wraz ze średnią ruchomą. Jeśli para walutowa przełamie się wystarczająco daleko powyżej średniej ruchomej, Twój stop loss zamknie Twoją transakcję.

Mocne Strony Średniej Ruchomej

Średnie ruchome mają następujące mocne strony: Identyfikują proste trendy i są wystarczająco elastyczne, aby pracować zarówno w krótkoterminowych, jak i długoterminowych ramach czasowych. W przeciwieństwie do niektórych innych wskaźników są bardzo łatwe do zrozumienia.

ROZDZIAŁ 3:
Oscylatory

Oscylatory

Oscylatory to wskaźniki, które poruszają się tam i z powrotem, gdy pary walutowe rosną i spadają. Oscylatory mogą Ci pomóc określić, jak silny jest obecny trend pary walutowej i kiedy trendowi grozi utrata rozpędu i odwrócenie. Gdy oscylator porusza się zbyt wysoko, para walutowa jest uważana za wykupioną (nadmierne kupowanie i na rynku nie ma już wystarczającej liczby kupujących, aby pchnąć parę walutową wyżej). Wskazuje to, że para walutowa jest zagrożona odwróceniem lub spadkiem.

Gdy oscylator porusza się zbyt nisko, para walutowa jest uważana za wyprzedaną (nadmierna sprzedaż i na rynku nie ma już wystarczającej liczby sprzedawców, aby zepchnąć parę walutową w dół). Wskazuje to, że para walutowa jest narażona na utratę rozpędu i rozpocznie odwrócenie, aby wznieść się wyżej. Rzućmy okiem na następujący oscylator:

Zbieżność i Rozbieżność Średnich Ruchomych (MACD)

Zbieżność i Rozbieżność Średnich Ruchomych (MACD) jest oscylatorem, który może pokazać, kiedy dynamika handlu zmienia się ze wzrostowej na spadkową i ze spadkowej na wzrostową. MACD może również ujawnić, kiedy inwestorzy są wyczerpani, co zwykle skutkuje odwróceniem trendu dla pary walutowej. MACD jest zwykle kreślony na wykresie poniżej ruchów cen. Aby dowiedzieć się więcej o

MACD, przyjrzymy się następującym tematom: Budowanie MACD, Sygnały Transakcyjne MACD oraz Mocne Strony MACD.

Budowanie MACD

Zbieżność i Rozbieżność Średnich Ruchomych jest budowana na podstawie serii średnich ruchomych i ich wzajemnego powiązania. Standardowy MACD analizuje relację między 12-okresową i 26-okresową wykładniczą średnią ruchomą dla pary walutowej. W szczególności MACD analizuje odległość między tymi dwiema średnimi ruchomymi. Jeśli 12-okresowa średnia ruchoma jest powyżej 26-okresowej średniej ruchomej, linia MACD będzie dodatnia. Jeśli 12-okresowa średnia ruchoma jest poniżej 26-okresowej średniej ruchomej, linia MACD będzie ujemna.

Linii MACD towarzyszy linia wyzwalająca. Linia ta jest 9-okresową wykładniczą średnią ruchomą linii MACD.

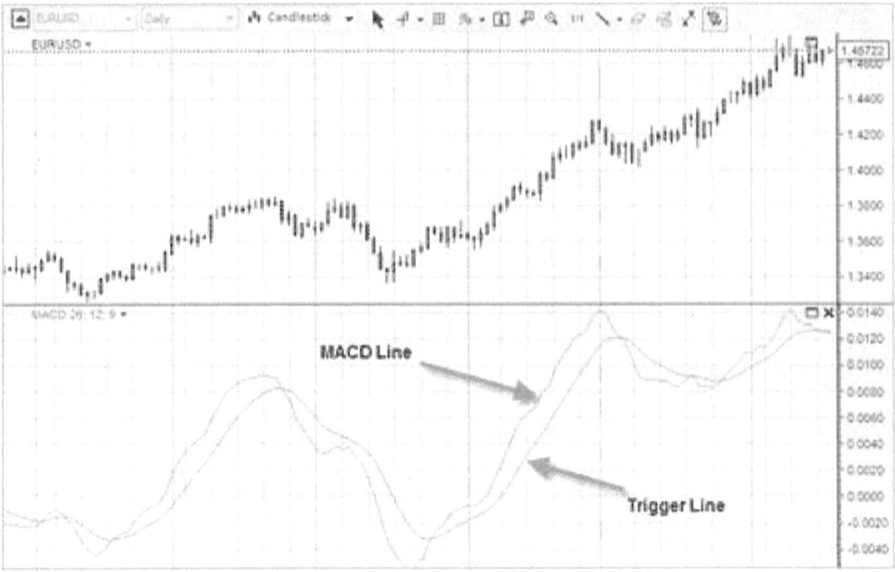

Sygnały Transakcyjne MACD

MACD daje sygnały transakcyjne, gdy przechodzi w tę i z powrotem powyżej i poniżej linii wyzwalającej.

Sygnał Wejścia - Gdy MACD przekroczy linię wyzwalającą, możesz kupić parę walutową, wiedząc, że pęd zmienił się ze spadkowego na wzrostowy. Kiedy MACD przecina się poniżej linii wyzwalającej, możesz sprzedać parę, wiedząc, że dynamika zmieniła się ze wzrostowej na spadkową.

Sygnał Wyjścia - Gdy MACD z powrotem znajdzie się poniżej linii wyzwalającej po zakupie pary walutowej, możesz sprzedać parę walutową, wiedząc, że dynamika wróciła do bycia spadkową. Kiedy MACD znajdzie się powyżej linii wyzwalającej po sprzedaniu pary walutowej, możesz odkupić parę walutową, wiedząc, że pęd powrócił do wzrostowego.

Mocne Strony MACD

Zbieżność i Rozbieżność Średnich Ruchomych (MACD) ma następujące mocne strony: Pomaga określić, kiedy zmienia się dynamika pary walutowej i pomaga potwierdzić siłę obecnych trendów.

Wskaźniki Wolumenu

Waluty są przedmiotem obrotu na rynku międzybankowym, a nie na giełdzie centralnej, dlatego dane o wolumenie transakcji walutowych nie są dostępne. Bez danych dotyczących wolumenu nie można skonstruować wskaźników wolumenu. Z tego powodu nie używamy wskaźników wolumenu w handlu na rynku Forex. O wskaźnikach wolumenu dowiesz się więcej, dywersyfikując swój handel na akcje i kontrakty terminowe.

Regionalne Wzorce Tradingowe

Ameryka Północna

Tutaj podstawy bardzo dobrze łączą się z kombinacją takich wskaźników jak Wskaźnik Siły Względnej, Średnia Ruchoma oraz Zbieżność i Rozbieżność Średnich Ruchomych.

Południowa Europa

Na wszystkich rynkach i instrumentach średnie ruchome są używane w dużym stopniu do identyfikacji trendów, podczas gdy oscylatory RSI i Stochastyczny są używane do określania dynamiki i ruchów cen na rynku w bardzo wąskich przedziałach.

Wschodnia Europa

Przeważnie używa się MACD do trendów Forex i Wstęg Bollingera do ruchów cen w wąskich przedziałach.

Północna Europa

Wiele osób z krajów skandynawskich handluje akcjami i odpowiednikami kontraktów CFD. Wykorzystując wolumen obrotu akcjami, ruchy cen można często przewidzieć za pomocą analizy dynamiki, zanim ceny się zmienią.

ROZDZIAŁ 4:
Analiza Fibonacciego

Analiza Techniczna: Fibonacci

Analiza Fibonacciego jest znana z tego, że pomaga zidentyfikować potencjalne poziomy wsparcia i oporu w przyszłości w oparciu o przeszłe trendy cenowe i odwrócenia. Analiza Fibonacciego opiera się na matematycznych odkryciach Leonarda Pisano, znanego również jako Fibonacci. Przypisuje mu się odkrycie ciągu liczb, który teraz nosi jego imię, czyli ciąg Fibonacciego. Ciąg Fibonacciego to ciąg liczb, który przebiega następująco: 0, 1, 1, 2, 3, 5, 8, 13, 21, 34, 55... Aby uzyskać każdą kolejną liczbę w ciągu, wystarczy dodać dwie poprzednie liczby w sekwencji. Na przykład, aby znaleźć liczbę następującą po 55 w sekwencji, należy dodać 55 + 34 (dwie poprzednie liczby w sekwencji). Suma 55 + 34 to 89. To jest kolejna liczba w ciągu.

Tym, co zwróciło uwagę Fibonacciego w tym ciągu, nie były same liczby, ale raczej relacje między liczbami lub stosunki tworzone przez różne liczby w ciągu. Być może najważniejszym współczynnikiem jest 1.618, znany również jako złoty podział. Liczbę tę można znaleźć w całej przyrodzie i w ciągu Fibonacciego. Każda liczba w ciągu Fibonacciego jest 1.618 razy większa od poprzedniej. Na przykład 89 jest 1.618 razy większe od 55 (89/55 = 1.618).

Złoty podział i inne stosunki istniejące w ciągu Fibonacciego reprezentują naturalny przepływ i odpływ życia. Mają również zastosowanie do naturalnego przepływu na rynku Forex. W tym rozdziale dowiesz się w jaki sposób wskaźniki Fibonacciego można zastosować do handlu na rynku Forex przy użyciu następujących narzędzi analitycznych: Zniesienia Fibonacciego, Projekcje Fibonacciego oraz Wachlarze Fibonacciego.

Zniesienia Fibonacciego

Kiedy para walutowa zmienia kierunek lub odwraca trend, inwestorzy na rynku Forex naturalnie chcą wiedzieć jak daleko para najprawdopodobniej posunie się w nowym kierunku. Pomocne mogą być tutaj poziomy zniesienia Fibonacciego. Niektóre wskaźniki Fibonacciego są przydatne, gdy próbujesz określić jak daleko para walutowa się skoryguje w stosunku do poprzedniego trendu. Wskaźniki, których będziesz używać w handlu na rynku Forex pomogą Ci znaleźć następujące poziomy zniesienia:

61.8 procent	Poziom ten uzyskujemy dzieląc liczbę w ciągu Fibonacciego przez liczbę następującą po niej w ciągu (55/89 = 61.8%).
38.2 procent	Poziom ten uzyskujemy dzieląc liczbę w ciągu Fibonacciego przez drugą liczbę następującą po niej w ciągu (34/89 = 38.2%).

23.6 procent	Poziom ten uzyskujemy dzieląc liczbę w ciągu Fibonacciego przez trzecią liczbę następującą po niej w ciągu (21/89 = 23.6%).

Wykorzystasz również trzy inne poziomy w swojej analizie zniesienia. Chociaż poniższe poziomy nie są obliczane przy użyciu liczb w ciągu Fibonacciego, są one oparte na powyższych poziomach Fibonacciego:

50 procent	Ten poziom jest określany przez znalezienie środka między 61.8 procent a 38.2 procent ((61.8% + 38.2%) / 2 = 50%).
76.4 procent	Poziom ten określa się przez znalezienie odległości od 38.2 procent do 23.6 procent (38.2% - 23.6% = 14.6%) i dodanie jej do 61.8 procent (61.8% + 14.6% = 76.4%).
100 procent	Ten poziom jest określany po prostu przez ustalenie, gdzie rozpoczął się poprzedni trend.

Określenie wszystkich sześciu poziomów zniesienia Fibonacciego zapewnia potencjalne poziomy wsparcia i oporu, których możesz użyć w handlu na rynku Forex. Możesz zobaczyć te poziomy Fibonacciego na dziennym wykresie GBP/USD poniżej. Każdy z przedstawionych poziomów został obliczony na podstawie trendu zaznaczonego czerwoną strzałką. Mogłeś tutaj użyć każdego poziomu, aby określić, kiedy wejść i wyjść z transakcji, gdy para walutowa zaczęła się obracać i przesuwać w dół.

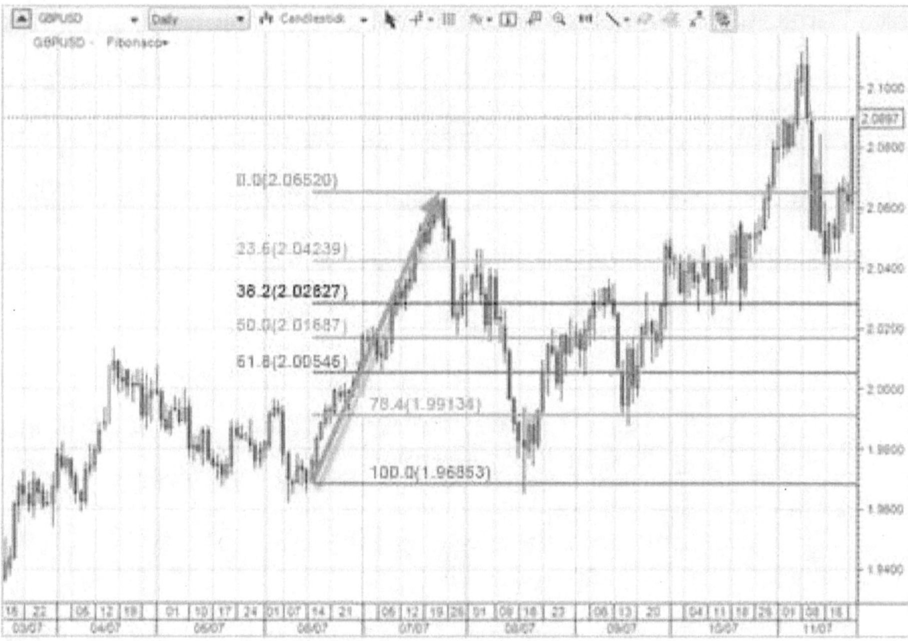

Zwróć uwagę, jak cena pary walutowej poruszała się tam i z powrotem, odbijając się od tych poziomów wsparcia i oporu przez wiele miesięcy, aż w końcu pod koniec października ponownie przebiła się powyżej szczytu ustalonego przez poprzedni trend (znanego również jako poziom zerowy).

Projekcje Fibonacciego

Trendy rzadko idą prosto w górę lub w dół. Na początku trendy poruszają się w jednym kierunku, następnie cofają się i przez chwilę idą w przeciwnym kierunku, a następnie odwracają się i wznawiają ruch w poprzednim kierunku. To naturalne przypływy i odpływy trendu.

Kiedy para walutowa powraca do poprzedniego trendu, inwestorzy na rynku Forex naturalnie chcą wiedzieć jak daleko najprawdopodobniej będzie się ona poruszać. Pomocne mogą być projekcje Fibonacciego. Niektóre współczynniki Fibonacciego są przydatne, gdy próbujesz określić jak daleko posunie się para walutowa po wznowieniu poprzedniego trendu. Wskaźniki, których będziesz używać w swoim tradingu pomogą Ci znaleźć następujące poziomy projekcji:

161.8 procent	Poziom ten uzyskujemy dzieląc liczbę w ciągu Fibonacciego przez liczbę bezpośrednio ją poprzedzającą w ciągu (89/55 = 161.8%).
261.8 procent	Poziom ten uzyskujemy dzieląc liczbę w ciągu Fibonacciego przez drugą liczbę poprzedzającą ją w ciągu (89/34 = 261.8%).
423.8 procent	Poziom ten uzyskujemy dzieląc liczbę w ciągu Fibonacciego przez trzecią liczbę poprzedzającą ją w ciągu (89/21 = 423.8%).

Określenie wszystkich trzech poziomów projekcji Fibonacciego zapewnia potencjalne poziomy wsparcia i oporu, których możesz użyć w handlu na rynku Forex.

Możesz zobaczyć te poziomy Fibonacciego na dziennym wykresie pary GBP/USD. Każdy z przedstawionych poziomów został obliczony na podstawie trendu zaznaczonego czerwoną strzałką. Teraz, gdy para GBP/USD wznowiła trend wzrostowy, możesz użyć każdego poziomu, aby określić, gdzie ustawić swoje cele zysku (poziomy wyjścia) przy zakupie tej pary walutowej.

Zauważ, że para walutowa, w oparciu o poprzedni trend, może w najbliższej przyszłości wzrosnąć do poziomu projekcji 161.8 procent. Jeśli osiągnie ten poziom, możesz ustawić poziom projekcji 261.8 procent jako następny docelowy poziom zysku.

Wachlarze Fibonacciego

Poziomy Fibonacciego zapewniają ukośne poziomy wsparcia i oporu, a także horyzontalne poziomy wsparcia i oporu. Ukośne poziomy wsparcia i oporu nazywane są wachlarzami Fibonacciego. Wachlarze Fibonacciego opierają się na trzech poziomach zniesienia Fibonacciego: 61.8 procent, 50 procent i 38.2 procent. Aby zbudować wachlarz Fibonacciego, musisz wykonać następujące czynności:

1. Zidentyfikuj trend.
2. Zidentyfikuj trzy horyzontalne poziomy Fibonacciego (61.8 procent, 50 procent i 38.2 procent) w odniesieniu do tego trendu.
3. Narysuj pionową linię, która przecina te poziomy w punkcie, w którym zakończył się trend.
4. Narysuj trzy linie, z których każda zaczyna się w miejscu rozpoczęcia trendu i przecina osobny punkt, w którym linia pionowa przecina jeden z poziomów Fibonacciego.

Teraz, gdy masz już narysowane wachlarze Fibonacciego, możesz ich użyć do prognozowania potencjalnych poziomów wsparcia i oporu, które możesz wykorzystać w handlu na rynku Forex.

Możesz zobaczyć wachlarz Fibonacciego na dziennym wykresie GBP/USD poniżej. Każdy z przedstawionych poziomów został obliczony na podstawie trendu zaznaczonego czerwoną strzałką.

Mogłeś użyć wachlarzu, aby określić, kiedy wejść i wyjść z transakcji, gdy para walutowa zaczęła się odwracać i przesuwać w dół.

Zwróć uwagę, jak cena pary walutowej odbiła się na chwilę od środkowego promienia wachlarza Fibonacciego na początku sierpnia, zanim przebiła ten poziom i zaczęła odbijać się od dolnego promienia wachlarza przez kilka dni. Interesujące jest również to, że poziomy stworzone przez wachlarz Fibonacciego nadal będą ważnym czynnikiem w odległej przyszłości. Możesz zobaczyć jak para GBP/USD odbiła się po uderzeniu w dolny promień wachlarza cztery miesiące później, czyli w listopadzie.

Materiał Regionalny: Fibonacci w USA i Europie

W Europie Wschodniej Fibonacci jest popularnym narzędziem do analizy trendów dla głównych par na rynku Forex, jednak wielu amerykańskich traderów używa go do znajdowania wsparcia i oporu oraz do handlu na wybicia.

W Europie Południowej Fibonacci jest bardzo powszechnym wskaźnikiem w zestawie narzędzi doświadczonych traderów. Znaczna liczba traderów używa Fibonacciego do analizowania wybić. Ogólnie rzecz biorąc, Fibonacci jest używany na rynku Forex głównie do identyfikacji poziomów wsparcia i oporu.

ROZDZIAŁ 5:
Formacje Cenowe

Analiza Techniczna: Formacje Cenowe

Traderzy głosują swoimi pieniędzmi. Jeśli uważają, że para walutowa będzie rosła, kupią ją. Jeśli uważają, że para walutowa spadnie, sprzedadzą ją. Kiedy w grę wchodzą pieniądze, traderzy zrobią wszystko, aby wygenerować zysk. Często działania tych traderów tworzą formacje cenowe na wykresie.

Formacje cenowe to formacje wykresów, które zapewniają wgląd w to, co myślą inwestorzy na rynku Forex na różnych poziomach cen. Nauka rozpoznawania różnych formacji cenowych daje Ci przewagę nad traderami, którzy używają tylko wskaźników podstawowych lub wskaźników technicznych. Wyobraź sobie, że masz możliwość precyzyjnego zidentyfikowania punktów wejścia w transakcje, gdy para walutowa się przełamuje, oraz możliwość dokładnego przewidzenia jak daleko posunie się para walutowa, gdy się przełamie i zacznie się poruszać w danym kierunku. Pomagają w tym formacje cenowe. Formacje cenowe są podzielone na dwie kategorie: Formacje Kontynuacji Trendu i Formacje Odwrócenia Trendu.

Formacje Kontynuacji Trendu

Inwestorzy na rynku Forex często zadają sobie pytanie "jak długo utrzyma się ten trend?" Podjęcie decyzji, czy wejść w nową transakcję w środku trendu, czy wyjść z transakcji, w której się znajdujesz i podjąć swoje aktualne zyski jest trudne. Nigdy nie będziesz wiedzieć czy para walutowa się odwróci i zacznie poruszać się w przeciwnym kierunku.

A może jednak? Formacje kontynuacji dają wczesne ostrzeżenie, kiedy para walutowa prawdopodobnie będzie kontynuować trend po krótkim okresie umocnienia i jak daleko para walutowa posunie się w tym kierunku. Oczywiście formacje kontynuacji nie są idealne, ale zwiększają szanse na Twój sukces. Przyjrzymy się niektórym dobrze znanym formacjom kontynuacji cen.

Proporczyki

Proporczyki to formacje kontynuacji, które tworzą się, gdy cena pary walutowej przesuwa się w coraz węższy zakres umocnienia. Proporczyki mogą być wzrostowe lub spadkowe, w zależności od trendu, który istniał zanim proporczyk zaczął się formować. Jeśli para walutowa znajdowała się w trendzie wzrostowym, zanim zaczął się formować proporczyk, jest to wzrostowa formacja kontynuacji. Jeśli para walutowa znajdowała się w trendzie spadkowym, zanim zaczął się formować proporczyk, jest to spadkowa formacja kontynuacji. Proporczyki zwykle tworzą się w krótszych okresach. Wszystkie proporczyki mają następujące cechy:

Poziom Oporu (A) - Spadający poziom oporu, który zbiega się z poziomem wsparcia.

Poziom Wsparcia (B) - Rosnący poziom wsparcia, który zbiega się z poziomem oporu.

Maszt Flagowy (C) - Trend poprzedzający formowanie proporczyku. Maszt obejmuje odległość od początku trendu do najwyższego punktu proporczyka (proporczyk wzrostowy), lub maszt rozciąga się na odległość od początku trendu do najniższego punktu proporczyka (proporczyk spadkowy).

Punkt Przełamania (D) - Punkt, w którym para walutowa przełamuje się powyżej poziomu oporu trendu spadkowego (proporczyk wzrostowy) lub punkt, w którym para walutowa przełamuje się poniżej poziomu wsparcia trendu wzrostowego (proporczyk spadkowy).

Projekcje Cen (E) - Cena, do której para walutowa najprawdopodobniej spadnie po wyłamaniu się z formacji proporczyka (proporczyk spadkowy) lub cena, do której para walutowa najprawdopodobniej wzrośnie po wyłamaniu się z formacji proporczyka (proporczyk wzrostowy). Przewidywana odległość, o jaką para walutowa ma się przemieścić jest równa wysokości masztu flagowego.

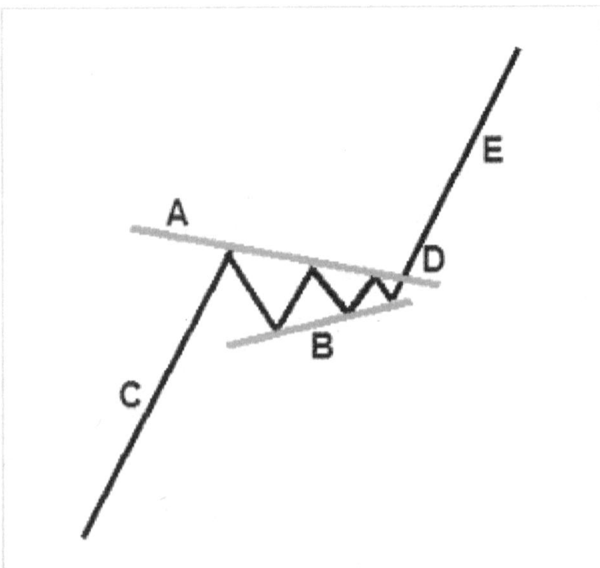

Flagi

Flagi to formacje kontynuacji, które tworzą się, gdy cena pary walutowej wycofuje się z dominującego trendu w kanale równoległym. Flagi mogą być wzrostowe lub spadkowe, w zależności od trendu, który istniał zanim flaga zaczęła się formować. Jeśli para walutowa znajdowała się w trendzie wzrostowym zanim flaga zaczęła się formować, jest to wzrostowa formacja kontynuacji. Jeśli para walutowa znajdowała się w trendzie spadkowym zanim flaga zaczęła się formować, jest to spadkowa formacja kontynuacji. Flagi zwykle tworzą się w krótszych okresach. Wszystkie flagi mają pięć następujących cech:

Poziom Oporu (A) - Spadający poziom oporu równoległy do poziomu wsparcia (flaga wzrostowa) lub rosnący poziom oporu równoległy do poziomu wsparcia (flaga spadkowa).

Poziom Wsparcia (B) - Spadający poziom wsparcia równoległy do poziomu oporu (flaga wzrostowa) lub rosnący poziom wsparcia równoległy do poziomu oporu (flaga spadkowa).

Maszt Flagowy (C) - Trend poprzedzający formowanie flagi. Maszt obejmuje odległość od początku trendu do najwyższego punktu flagi (flaga wzrostowa) lub odległość od początku trendu do najniższego punktu flagi (flaga spadkowa).

Punkt Przełamania (D) - Punkt, w którym para walutowa przełamuje się powyżej poziomu oporu trendu spadkowego (flaga wzrostowa) lub punkt, w którym para walutowa przełamuje się poniżej poziomu wsparcia trendu wzrostowego (flaga spadkowa).

Projekcje Cen (E) - Cena, do której para walutowa najprawdopodobniej spadnie po wyłamaniu się z formacji flagi (flaga spadkowa) lub cena, do której para walutowa najprawdopodobniej wzrośnie po wyłamaniu się z formacji flagi (flaga wzrostowa). Przewidywana odległość, o jaką para walutowa ma się przemieścić jest równa wysokości masztu flagowego.

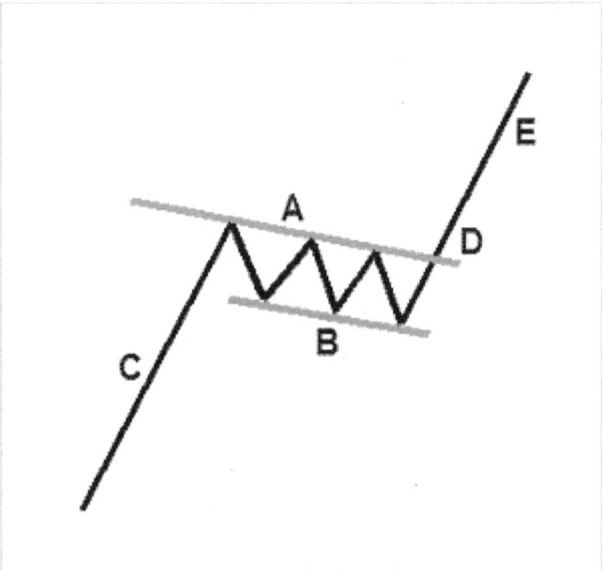

Trójkąty

Trójkąty to formacje kontynuacji, które tworzą się, gdy cena pary walutowej osiąga płaski poziom wsparcia lub oporu i zaczyna przesuwać się w coraz węższy zakres umocnienia. Trójkąty mogą być wzrostowe lub spadkowe, w zależności od trendu, który istniał zanim zaczął się formować trójkąt. Jeśli para walutowa znajdowała się w trendzie wzrostowym, zanim zaczął się formować trójkąt, jest to wzrostowa formacja kontynuacji. Jeśli para walutowa znajdowała się w trendzie spadkowym, zanim zaczął się formować trójkąt, jest to spadkowa formacja kontynuacji. Trójkąty zwykle tworzą się przez dłuższy czas.

Wszystkie trójkąty mają następujące cechy:

Poziom Oporu (A) - Horyzontalny poziom oporu (trójkąt zwyżkujący lub rosnący) lub spadający poziom oporu zbiega się z poziomem wsparcia (trójkąt zniżkujący lub spadający).

Poziom Wsparcia (B) - Rosnący poziom wsparcia, który zbiega się z poziomem oporu (trójkąt zwyżkujący lub rosnący) lub horyzontalnym poziomem wsparcia (trójkąt zniżkujący lub spadający).

Maszt Flagowy (C) - Trend poprzedzający powstanie trójkąta. Maszt flagowy obejmuje odległość od początku trendu do najwyższego punktu trójkąta (trójkąt zwyżkujący lub rosnący) lub odległość od początku trendu do najniższego punktu trójkąta (trójkąt zniżkujący lub spadający).

Punkt Przełamania (D) - Punkt, w którym para walutowa przełamuje się powyżej horyzontalnego poziomu oporu (trójkąt zwyżkujący lub rosnący) lub punkt, w którym para walutowa przełamuje się poniżej horyzontalnego poziomu wsparcia (trójkąt zniżkujący lub spadkowy).

Projekcje Cen (E) - Cena, do której para walutowa najprawdopodobniej spadnie po wyłamaniu się z formacji trójkąta (trójkąt zniżkujący lub spadkowy) lub cena, do której para walutowa najprawdopodobniej wzrośnie po wyłamaniu się z formacji trójkąta (trójkąt zwyżkujący lub rosnący). Przewidywana odległość, o jaką para walutowa ma się przemieścić jest równa wysokości masztu flagowego.

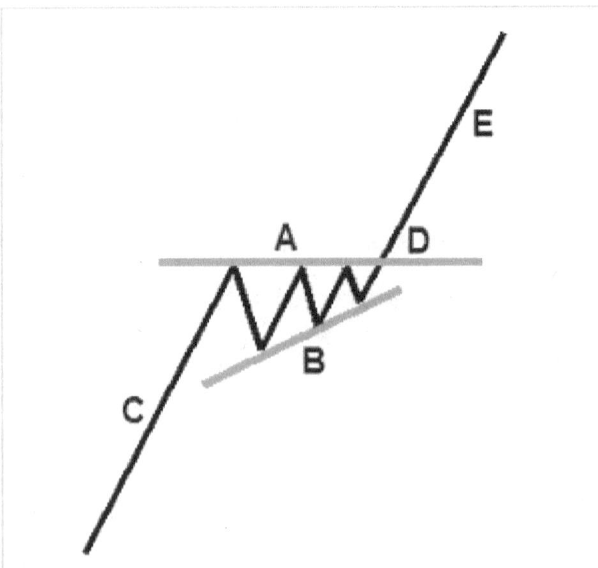

Formacje Odwrócenia Trendu

Jak już wspomnieliśmy, inwestorzy na rynku Forex często zadają sobie pytanie "jak długo utrzyma się trend?" Trudno jest określić czy trend się skończył i czy nadszedł czas, aby handlować wbrew poprzedniemu trendowi. Nigdy nie wiadomo na 100% czy para walutowa odwróci się i ruszy w przeciwnym kierunku. Formacje odwrócenia trendu dają wczesną wskazówkę, kiedy para walutowa może się odwrócić i rozpocząć nowy trend oraz jak daleko para walutowa może się poruszyć w przeciwnym kierunku. Przyjrzyjmy się następującym formacjom odwrócenia ceny:

Podwójne Szczyty i Dna

Podwójne szczyty i dna są formacjami odwrócenia trendu, które tworzą się, gdy cena pary walutowej dwukrotnie osiąga poziom wsparcia lub oporu, zanim para się odwróci i poruszy w przeciwnym kierunku. Podwójne szczyty to spadkowe formacje odwrócenia, a podwójne dna to wzrostowe formacje odwrócenia. Jeśli para walutowa znajduje się w trendzie wzrostowym, utworzy podwójny szczyt. Jeśli para walutowa znajduje się w trendzie spadkowym, utworzy podwójne dno. Podwójne szczyty i dna zwykle tworzą się przez dłuższy czas. Podwójne szczyty i dna mają następujące cechy:

Poziom Oporu (A) - Horyzontalny poziom oporu.

Poziom Wsparcia (B) - Horyzontalny poziom wsparcia.

Punkt Przełamania (C) - Punkt, w którym para walutowa przełamuje się powyżej horyzontalnego poziomu oporu (podwójne dno) lub punkt, w którym para walutowa przełamuje się poniżej horyzontalnego poziomu wsparcia (podwójny szczyt).

Projekcja Cen (D) - Cena, do której para walutowa najprawdopodobniej spadnie po wyłamaniu się z formacji podwójnego szczytu lub cena, do której para walutowa najprawdopodobniej wzrośnie po wyłamaniu się z formacji podwójnego dna.

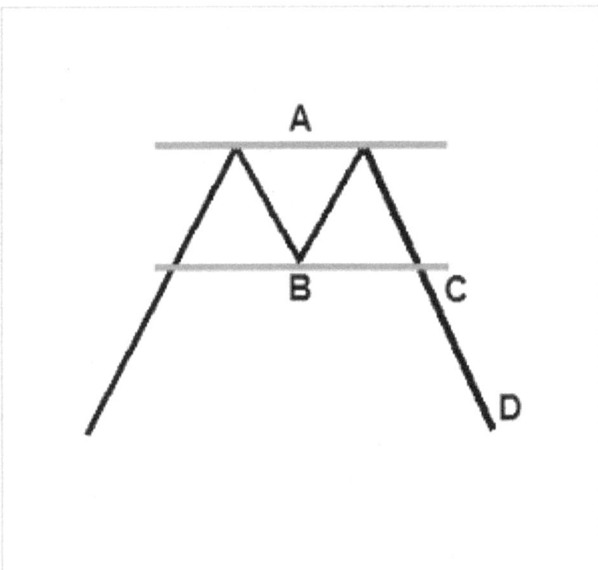

Potrójne Szczyty i Dna

Potrójne szczyty i dna są formacjami odwrócenia, które tworzą się, gdy cena pary walutowej trzykrotnie osiąga poziom wsparcia lub oporu, zanim para walutowa odwróci się i ruszy w przeciwnym kierunku.

Potrójne szczyty to spadkowe formacje odwrócenia, a potrójne dna to wzrostowe formacje odwrócenia. Jeśli para walutowa znajduje się w trendzie wzrostowym, utworzy potrójny szczyt. Jeśli para walutowa znajduje się w trendzie spadkowym, utworzy potrójne dno. Potrójne szczyty i dna zazwyczaj tworzą się przez dłuższy czas.

Wszystkie potrójne szczyty i dna mają następujące cechy:

Poziom Oporu (A) - Horyzontalny lub lekko pochylony poziom oporu.

Poziom Wsparcia (B) - Horyzontalny lub lekko pochylony poziom wsparcia.

Punkt Przełamania (C) - Punkt, w którym para walutowa przełamuje się powyżej horyzontalnego poziomu oporu (potrójne dno) lub punkt, w którym para walutowa przełamuje się poniżej horyzontalnego poziomu wsparcia (potrójny szczyt).

Projekcja Cen (D) - Cena, do której para walutowa najprawdopodobniej spadnie po wyłamaniu się z formacji potrójnego szczytu lub cena, do której para walutowa najprawdopodobniej wzrośnie po wyłamaniu się z formacji potrójnego dna.

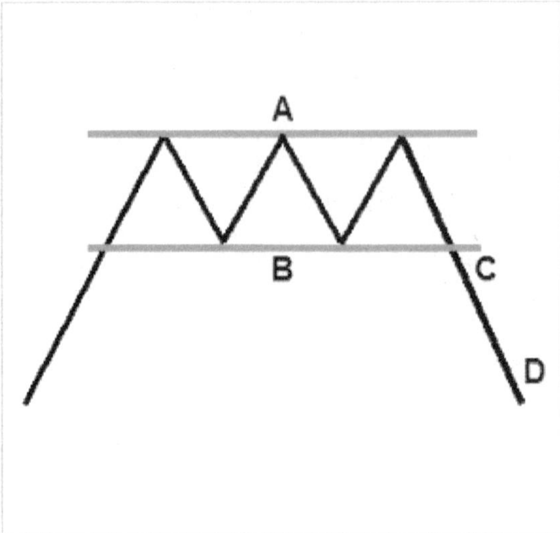

Szczyt i Dno Formacji Głowy z Ramionami

Szczyty głowy i ramion to formacje odwrócone, które tworzą się, gdy cena pary walutowej osiąga poziom oporu (tworząc pierwsze ramię), a następnie przebija się przez pierwszy poziom oporu i osiąga wyższy poziom oporu (tworząc głowę), a następnie znowu uderza w pierwszy poziom oporu (tworząc drugie ramię).

Dna głowy i ramion to formacje odwrócone, które tworzą się, gdy cena pary walutowej osiąga poziom wsparcia (tworząc pierwsze ramię), następnie przebija się przez pierwszy poziom wsparcia i osiąga niższy poziom wsparcia (tworząc głowę), a następnie znowu uderza w pierwszy poziom wsparcia (tworząc drugie ramię).

Szczyty głowy i ramion to spadkowe formacje odwrócenia, a dna głowy i ramion to wzrostowe formacje odwrócenia. Jeśli para walutowa znajduje się w trendzie wzrostowym, utworzy szczyt głowy i ramion. Jeśli para walutowa znajduje się w trendzie spadkowym, utworzy dno głowy i ramion. Szczyty lub dna głowy i ramion zwykle tworzą się przez długi czas. Wszystkie szczyty lub dna głowy i ramion mają następujące pięć cech:

Ramię Lewe (A) - Horyzontalny poziom oporu (szczyt głowy i ramion) lub horyzontalny lub lekko pochylony poziom wsparcia (dno głowy i ramion).

Głowa (B) - Wyższy horyzontalny poziom oporu (szczyt głowy i ramion) lub niższy horyzontalny lub lekko pochylony poziom wsparcia (dno głowy i ramion).

Ramię Prawe (C) - Horyzontalny lub lekko pochylony poziom oporu zgodny z lewym ramieniem (szczyt głowy i ramion) lub horyzontalny poziom wsparcia zgodny z lewym ramieniem (dno głowy i ramion).

Dekolt (D) - Horyzontalny lub lekko ukośny poziom wsparcia (szczyt głowy i ramion) lub horyzontalny lub lekko ukośny poziom oporu (dno głowy i ramion).

Punkt Przełamania (E) - Punkt, w którym para walutowa przełamuje się powyżej dekoltu (dno głowy i ramion) lub punkt, w którym para walutowa przełamuje się poniżej dekoltu (szczyt głowy i ramion).

Projekcje Cen (F) - Cena, do której para walutowa najprawdopodobniej spadnie po wyłamaniu się z formacji szczytu głowy i ramion, lub cena, do której para walutowa najprawdopodobniej wzrośnie po wyłamaniu się z formacji dna głowy i ramion. Przewidywana odległość, o jaką para walutowa ma się przemieścić jest równa odległości między głową a dekoltem.

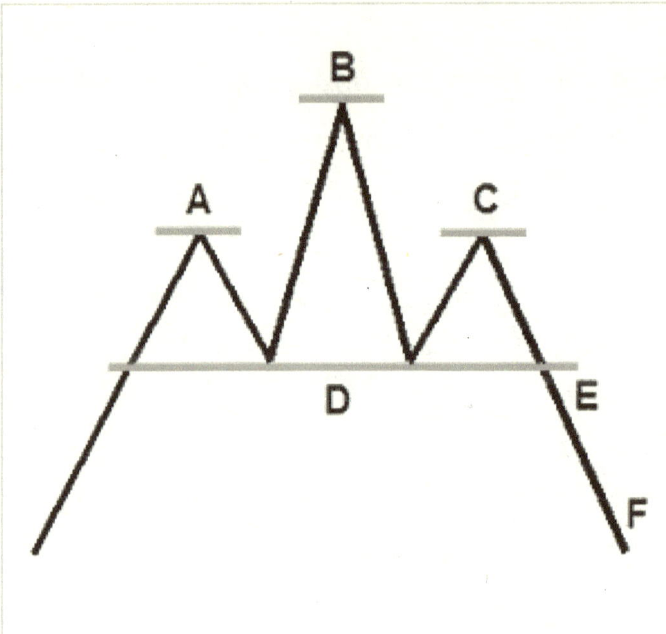

ROZDZIAŁ 6:
Wykorzystanie Wielu Ram Czasowych

Wykorzystanie Wielu Ram Czasowych w Tradingu

Traderzy z praktycznie każdym rozmiarem konta i o wszelakiej tolerancji na ryzyko handlują na rynku Forex. W każdej chwili krótkoterminowi skalperzy i handlowcy zajmujący się długoterminową analizą fundamentalną patrzą na te same pary walutowe i próbują dowiedzieć się jak dokonać lub dostosować swoje transakcje. Jednak chociaż mogą patrzeć na te same pary walutowe, nie patrzą na te same ramy czasowe wykresu. Traderzy krótkoterminowi najprawdopodobniej patrzą na wykresy 5 lub 15-minutowe, podczas gdy traderzy długoterminowi najprawdopodobniej patrzą na wykresy dzienne lub miesięczne

Trendy, linie wsparcia i oporu oraz wskaźniki techniczne wyglądają zupełnie inaczej na wykresie 1-minutowym niż na wykresie dziennym. Na przykład możesz spojrzeć na 1-minutowy wykres pary EUR/USD i zobaczyć, że para wydaje się być w trendzie spadkowym. Jeśli dostosujesz wykres do ustawień dziennych, możesz zauważyć, że ta para walutowa od tygodni znajduje się w trendzie wzrostowym. Więc który wykres jest poprawny? Czy para EUR/USD znajduje się w trendzie wzrostowym czy spadkowym? To już zależy od ram czasowych Twojego tradingu.

Traderzy na rynku Forex handlują z nastawieniem na trendy długoterminowe. Taki trend potrzebował więcej czasu na ukształtowanie się, a zmiana kierunku będzie wymagała dużego przełamania. Oczywiście, jeśli widzisz jak zmieniają się fundamenty dla waluty lub widzisz komunikat informacyjny mający wpływ na tę walutę to możesz handlować wbrew trendowi długoterminowemu, jeśli zastosujesz dobre zarządzanie ryzykiem. Zawsze powinieneś zwracać uwagę na trendy oraz poziomy wsparcia i oporu w wielu ramach czasowych. Pozwala to określić jak silne są różne trendy. Korzystanie z wielu ram czasowych na wykresach pomaga w dopracowaniu i zwiększeniu skuteczności Twojej analizy technicznej.

W swojej analizie technicznej powinieneś przeanalizować następujące trzy wykresy: Wykres Trendu (długoterminowy), Wykres Sygnałowy oraz Wykres Czasu (krótkoterminowy). Po przeanalizowaniu każdego przedziału czasowego możesz je połączyć, aby potwierdzić ustawienie transakcji o wysokim prawdopodobieństwie.

Wykres Trendu

Wykres trendu pomaga zidentyfikować główny trend, z którym powinieneś handlować. Jeśli para walutowa na wykresie trendu ma trend wzrostowy, powinieneś kupić tę parę. Jeśli para walutowa na wykresie trendu ma trend spadkowy, powinieneś spróbować ją sprzedać. Aby zidentyfikować ramy czasowe, których powinieneś użyć na wykresie trendu, najpierw musisz określić ramy czasowe, których zwykle używasz na wykresach sygnałowych. Po zidentyfikowaniu ram czasowych na wykresie sygnałowym, powinieneś przejść o jeden przedział czasowy w górę, aby znaleźć przedział czasowy, którego powinieneś użyć na wykresie trendu. Poniżej znajduje się lista popularnych ram czasowych wykresu sygnałowego, których możesz użyć do zidentyfikowania odpowiednich ram czasowych dla Twojego wykresu trendu:

1-minutowy wykres sygnałowy	=	15-30 minutowy wykres trendu
5-minutowy wykres sygnałowy	=	1-godzinny wykres trendu
15-30 minutowy wykres sygnałowy	=	4-godzinny wykres trendu
1-godzinny wykres sygnałowy	=	1-dniowy wykres trendu
1-dniowy wykres sygnałowy	=	1-tygodniowy wykres trendu
1-tygodniowy wykres sygnałowy	=	1-miesięczny wykres trendu

Na przykład, jeśli zazwyczaj handlujesz parą EUR/USD patrząc na 1-godzinny wykres sygnałowy, to powinieneś użyć 1-dniowego wykresu trendu. Jeśli zazwyczaj handlujesz parą EUR/USD patrząc na 15-minutowy wykres sygnałowy, to powinieneś użyć 4-godzinnego wykresu trendu.

Po zidentyfikowaniu ram czasowych, które należy zastosować do wykresu trendu, wystarczy określić dominujący trend na wykresie. Możesz użyć ukośnych poziomów wsparcia i oporu lub średnich ruchomych, aby zidentyfikować trend. Na naszym tygodniowym wykresie dla pary EUR/USD możesz zauważyć, że zarówno poziom wsparcia po przekątnej, jak i średnia ruchoma wskazują, że ta para walutowa znajduje się w trendzie wzrostowym.

Jeśli na wykresie trendu występuje trend wzrostowy, powinieneś szukać sygnałów kupna na wykresie sygnałowym. Jeśli na wykresie trendu występuje trend spadkowy, powinieneś zwracać uwagę na sygnały sprzedaży na wykresie sygnałowym. Po zidentyfikowaniu trendu musisz teraz zidentyfikować opłacalne sygnały transakcyjne.

Wykresy Sygnałowe

Wykres sygnałowy jest Twoim najważniejszym wykresem. Dostarcza sygnały transakcyjne, które podpowiadają, kiedy szukać okazji do kupna i sprzedaży w oparciu o używany system transakcyjny. Na przykład, jeśli zazwyczaj używasz Wskaźnika Kanału Towaru (CCI), aby zidentyfikować sygnały transakcyjne, użyjesz tutaj wykresu sygnałowego. Nie będziesz używać tego wskaźnika na wykresie trendu.

Korzystanie z wykresu sygnałowego wraz z wykresem trendu pozwala dokładniej zidentyfikować potencjalnie zyskowne sygnały handlowe. Na przykład, jeśli Twój wykres trendu pokazuje, że para walutowa jest w trendzie wzrostowym, powinieneś szukać tylko sygnałów kupna na wykresie sygnałowym. Najlepszym sposobem na skorzystanie z długoterminowego trendu wzrostowego jest zakup pary walutowej. Jeśli Twój wykres trendu pokazuje, że para walutowa jest w trendzie spadkowym, powinieneś szukać tylko sygnałów sprzedaży na wykresie sygnałowym. Najlepszym sposobem na wykorzystanie długoterminowego trendu spadkowego jest sprzedaż pary walutowej.

Wykres trend pozwala zignorować mniej dochodowe sygnały transakcyjne, które widzisz na wykresie sygnałowym. Ponieważ te sygnały transakcyjne są sprzeczne z długoterminowym trendem, najprawdopodobniej będą nieopłacalne. Teraz, gdy już zidentyfikowałeś swoje sygnały transakcyjne, musisz dokładnie określić, kiedy wejść i wyjść z transakcji, korzystając z wykresu czasowego.

Wykres Czasu

Wykres czasu pomaga dokładnie określić, kiedy należy wejść i wyjść z transakcji. Gdy jesteś inwestorem na rynku Forex, liczy się każdy pips, więc im dokładniejszy jesteś z punktami wejścia i wyjścia, tym więcej zysków zobaczysz na swoim koncie. Poniżej znajduje się lista popularnych ram czasowych na wykresie sygnałowym, których możesz użyć do zidentyfikowania najlepszych ram czasowych dla swojego wykresu czasowego:

1-minutowy wykres sygnałowy	=	1-sekundowy wykres czasu
5-minutowy wykres sygnałowy	=	1-minutowy wykres czasu
15-30 minutowy wykres sygnałowy	=	5-minutowy wykres czasu
1-godzinny wykres sygnałowy	=	15-minutowy wykres czasu

1-dniowy wykres sygnałowy	=	1-godzinny wykres czasu
1-tygodniowy wykres sygnałowy	=	1-dniowy wykres czasu
1-miesięczny wykres sygnałowy	=	1-tygodniowy wykres czasu

Możesz użyć jednej z dwóch poniższych metod, aby wskazać sygnały wejścia i wyjścia na swoich wykresach czasowych:

1. Zidentyfikuj trend oraz poziomy wsparcia i oporu.
2. Użyj tego samego wskaźnika technicznego, którego używasz do generowania swoich sygnałów transakcyjnych.

Zidentyfikuj trend oraz wsparcie i opór, jeśli widzisz sygnał kupna na swoim wykresie sygnałowym. Wybrana przez Ciebie para walutowa powinna być w trendzie wzrostowym na wykresie czasowym. Cena pary powinna też być bliższa poziomu wsparcia niż oporu. To już Ci mówi, że ma ona przestrzeń, aby ruszyć wyżej, zanim uderzy w opór. Oczywiście, jeśli właśnie przełamała się przez opór, może nadal poruszać się wyżej.

Jeśli używasz wskaźnika technicznego, takiego jak Wskaźnik Kanału Towaru (CCI) na wykresie sygnałowym do generowania sygnałów kupna i sprzedaży, możesz również użyć tego samego wskaźnika na wykresie czasowym, aby określić, kiedy wejść lub wyjść z transakcji. Na przykład, jeśli użyłeś Wskaźnika Kanału Towaru na wykresie sygnałowym i dał Ci on sygnał kupna, dodaj Wskaźnik Kanału Towaru do wykresu czasu i upewnij się, że daje sygnał kupna również na wykresie czasu. Jeśli Wskaźnik Kanału Towaru nie daje sygnału kupna na wykresie czasowym, powinieneś poczekać, aż da sygnał kupna na tym wykresie, zanim wejdziesz w transakcję.

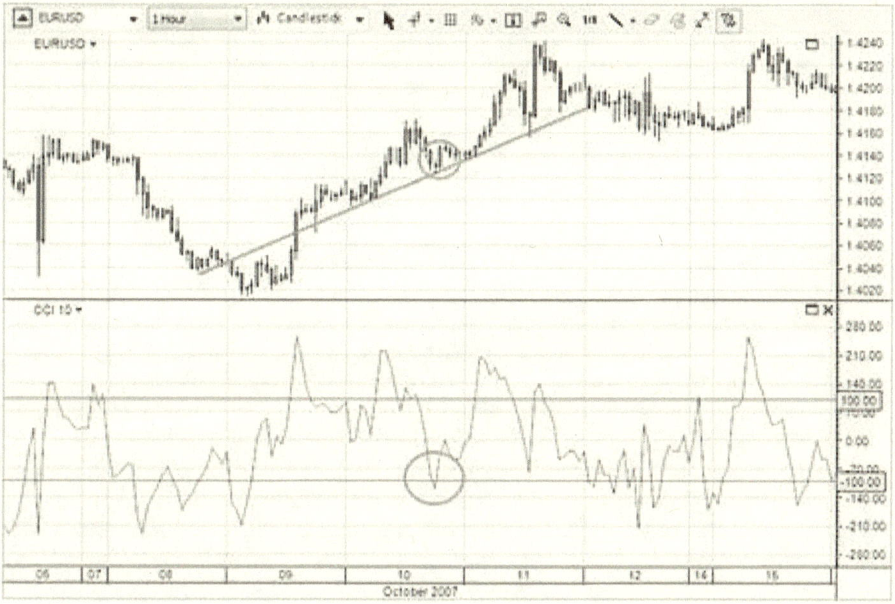

ROZDZIAŁ 7:
Konfiguracja Transakcji o Wysokim Prawdopodobieństwie

Konfiguracja Transakcji o Wysokim Prawdopodobieństwie

Przyjrzyjmy się jak wygląda konfiguracja transakcji o wysokim prawdopodobieństwie przy użyciu podejścia do handlu z wieloma ramami czasowymi. Przeanalizujemy przykład pary EUR/USD, używając wykresu tygodniowego jako wykresu trendu, wykresu dziennego jako wykresu sygnałowego i wykresu 1-godzinnego jako wykresu czasowego.

Najpierw sprawdzasz wykres trendu, aby zobaczyć, w jakim kierunku podąża waluta. Jak widać na wykresie tygodniowym EUR/USD, para walutowa od dłuższego czasu znajduje się w trendzie wzrostowym. Nierozsądnie byłoby walczyć z tym trendem i próbować sprzedawać EUR/USD.

Następnie patrzysz na wykres sygnałowy, aby zidentyfikować dobry sygnał kupna pary EUR/USD. W tym przykładzie patrzymy na wykorzystanie Wskaźnika Kanału Towaru (CCI) do wygenerowania sygnału transakcyjnego. Na dziennym wykresie pary EUR/USD widać, że Wskaźnik Kanału Towaru dał sygnał kupna 10 października, przechodząc z poziomu poniżej -100 do powyżej -100. Trend na dziennym wykresie pary EUR/USD również poruszał się w górę.

Na koniec patrzysz na wykres czasu, aby określić odpowiedni moment na zakup pary EUR/USD. Na 1-godzinnym wykresie EUR/USD widać, że para walutowa znajduje się w trendzie wzrostowym w momencie, gdy na wykresie sygnałowym pojawił się sygnał transakcyjny. Widać również, że Wskaźnik Kanału Towaru na wykresie 1-godzinnym właśnie dał sygnał kupna mniej więcej w tym samym czasie, kiedy

Wskaźnik Kanału Towaru na wykresie sygnałowym wygenerował swój sygnał.

Widząc, że sygnał transakcyjny generowany na wykresie sygnałowym jest tak dobrze dopasowany do trendu na wykresie trendu i ruchu waluty na wykresie czasowym, powinno dać Ci to większą pewność co do prawdopodobieństwa zarobienia pieniędzy. Korzystanie z wielu ram czasowych z reguły zapewnia dokładniejsze informacje handlowe.

ROZDZIAŁ 8:
Relacje Międzyrynkowe

Relacje Międzyrynkowe

Rynek Forex jest najbardziej płynnym rynkiem finansowym. Chociaż żaden inny rynek finansowy nie może konkurować wielkością z rynkiem Forex, inne rynki mają wpływ na rynek Forex. Na przykład rynek obligacji USA może wpływać na wartość dolara amerykańskiego (USD), tak jak kanadyjski rynek akcji może wpływać na wartość dolara kanadyjskiego (CAD).

Aby odnieść sukces jako inwestor na rynku Forex, musisz zrozumieć relacje, które istnieją między światowymi rynkami finansowymi oraz jak te relacje mogą wpływać na pary walutowe, którymi handlujesz. Często możesz otrzymać wczesne ostrzeżenie o tym, co wydarzy się na rynku Forex, będąc świadomym tego, co dzieje się na innych rynkach finansowych. Na przykład, jeśli widzisz, że wartość złota szybko rośnie, możesz poszukać podobnego wzrostu wartości pary AUD/USD. Kiedy już wiesz, na co zwracać uwagę, możesz skorzystać z podobnych korelacji, które obserwują wielcy inwestorzy instytucjonalni. Skoncentrujemy się teraz na tym jak następujące rynki wpływają na rynek Forex: Rynek Towarowy, Rynek Obligacji oraz Rynek Akcji.

Rynek Towarowy a Rynek Forex

Globalny popyt na towary ściślej połączył rynek towarowy i rynek Forex. Praktycznie każda gospodarka na świecie musi importować niektóre ze swoich towarów. Aby kupić te towary, importerzy muszą wymienić swoją walutę na walutę gospodarki, z której importują towary. Transakcje te powodują wzrost popytu na walutę eksportera, co zwiększa wartość tej waluty. Transakcje te obniżają również wartość waluty importera.

Trzy z głównych walut, czyli dolar kanadyjski (CAD), dolar australijski (AUD) i dolar nowozelandzki (NZD) są ściśle powiązane z wartościami towarów, ponieważ kraje te są głównymi eksporterami towarów. Wraz ze wzrostem cen towarów wartość tych walut zwykle rośnie. Wraz ze spadkiem cen towarów wartość tych walut zazwyczaj spada. Na każdą z tych walut towarowych, jak się je nazywa, wpływają w różny sposób różne towary. Na przykład dolar australijski jest skorelowany ze złotem. Wraz ze wzrostem ceny złota rośnie również wartość dolara australijskiego. Wraz ze spadkiem ceny złota spada również wartość dolara australijskiego. Mimo iż korelacja ta nie jest idealna, warto zwrócić na nią uwagę.

Zwracanie uwagi na wydarzenia na rynku towarowym w ciągu najbliższych lat może prowadzić do zysków w handlu na rynku Forex. Przygotuj się na skorzystanie nie tylko z walut, które wzmocnią się wraz ze wzrostem cen towarów, ale także z walut, które będą słabnąć.

Rynek Obligacji a Rynek Forex

Światowy rynek obligacji jest po rynku Forex drugim co do wielkości rynkiem finansowym na świecie. Rządy, instytucje i inwestorzy indywidualni aktywnie uczestniczą w światowym rynku obligacji, a każdy z tych uczestników rynku chce tego samego - zysków!

Obligacje rządowe stanowią największy odsetek światowego rynku obligacji. Obligacje te są zazwyczaj postrzegane jako inwestycje wolne od ryzyka, ponieważ są poparte pełną dobrą wolą i wiarą w rządy poszczególnych krajów. Jednak nie wszystkie obligacje rządowe są sobie równe. Niektóre rządy płacą wyższe odsetki za swoje obligacje niż inne. Inwestorzy międzynarodowi biorą pod uwagę te stopy procentowe, gdy decydują, gdzie zainwestować swoje pieniądze. Zazwyczaj obligacje o wyższym oprocentowaniu są bardziej atrakcyjne dla inwestorów, o ile gospodarki, które je wspierają są względnie stabilne.

Inwestorzy, którzy chcą kupić obligacje rządowe, muszą je kupić w walucie danego kraju. Jeśli międzynarodowi inwestorzy chcą kupić amerykańskie obligacje rządowe, najpierw wymieniają swoje waluty na dolary amerykańskie (USD). Ten zwiększony popyt na dolary amerykańskie (USD) powoduje wzrost wartości USD. Jednocześnie zwiększona podaż walut międzynarodowych na rynku powoduje spadek wartości tych walut.

Wiedza o tym, które rządy oferują wyższe oprocentowanie swoich obligacji rządowych i które obligacje zyskują na popularności wśród inwestorów międzynarodowych pomoże Ci ustalić, które waluty warto kupić, a które sprzedać.

Rynek Akcji a Rynek Forex

Inwestorzy indywidualni na całym świecie przyglądają się rynkowi akcji uważniej niż jakiemukolwiek innemu rynkowi. Akcje są ekscytujące, istnieją już od dawna i większość inwestorów indywidualnych może odnosić się do firm, których akcje kupują. Kiedy czasy na rynku akcji są dobre, pieniądze napływają. Kiedy czasy na rynku akcji są złe, pieniądze odpływają.

Globalizacja ułatwiła inwestorom z jednego kraju inwestowanie na rynkach innych krajów. Jeśli inwestorzy zobaczą, że akcje w Stanach Zjednoczonych mają dobre wyniki, pospieszą się, aby je kupić. Jeśli zobaczą, że akcje w Japonii zaczynają osiągać lepsze wyniki niż akcje w Europie, zabiorą swoje pieniądze z Europy i ulokują je w Japonii. Akcje są sprzedawane w walucie gospodarki, której są częścią. Aby inwestować w akcje w Stanach Zjednoczonych, zagraniczni inwestorzy muszą najpierw wymienić swoje waluty na dolary amerykańskie (USD). Ten zwiększony popyt na dolary amerykańskie powoduje wzrost wartości dolara amerykańskiego. Jednocześnie zwiększona podaż walut międzynarodowych na rynku powoduje spadek wartości tych walut.

Inwestorzy na rynku Forex uważnie obserwują jak radzą sobie rynki akcji. Jeśli rynek akcji w jednym kraju zaczyna osiągać lepsze wyniki niż rynek akcji w innym kraju, inwestorzy z rynku Forex wiedzą, że inni inwestorzy prawdopodobnie przeniosą swoje pieniądze z kraju o słabszym rynku akcji do kraju o silniejszym rynku. Spowoduje to, że wartość waluty kraju o silniejszym rynku akcji będzie wyższa, a wartość waluty kraju o słabszym rynku zostanie obniżona. Kupując walutę z kraju o silniejszym rynku, a następnie sprzedając walutę z kraju o słabszym rynku, możesz potencjalnie osiągnąć niezły zysk.

ROZDZIAŁ 9:
Podstawy Analizy Fundamentalnej

Siła Ekonomiczna Zwiększa Wartości Walut

Silne gospodarki na ogół mają silne waluty, gdyż obie te rzeczy są ze sobą powiązane. Kiedy gospodarka ma się dobrze, zwykle oznacza to, że korporacje są rentowne, większość siły roboczej jest zatrudniona, a w większości przypadków stopy procentowe rosną. Te cechy silnej gospodarki przynoszą korzyści inwestorom na rynku Forex.

Rosnące stopy procentowe są jednym z najbardziej przewidywalnych wskaźników wzrostu wartości walut, a banki centralne na całym świecie określają stopy procentowe w swoich gospodarkach. Te banki centralne zazwyczaj podnoszą stopy procentowe, gdy inflacja mierzona wskaźnikiem cen towarów i usług konsumpcyjnych (CPI) oraz wskaźnikiem cen dóbr produkcyjnych (PPI) zaczyna rosnąć zbyt szybko.

Wzrost gospodarczy rodzi inflację. Chodzi o to, że im silniejsza jest gospodarka, tym większe staje się zapotrzebowanie na pracowników. Wraz ze wzrostem popytu na pracowników, płace dla tych pracowników również rosną. Im więcej pieniędzy pracownicy zabierają do domu w formie wypłaty, tym więcej pieniędzy muszą wydać w sklepach detalicznych, na samochody oraz domy. Wraz ze wzrostem popytu na towary i usługi wzrasta również cena tych towarów i usług. Innymi słowy rośnie inflacja.

Oczywiście, jeśli banki centralne obserwują wskaźniki inflacji (takie jak CPI i PPI) w procesie podejmowania decyzji, możesz zakładać, że byłyby również zainteresowane obserwowaniem wskaźników siły gospodarczej, aby zobaczyć jak silna jest gospodarka i z całą pewnością są. Banki centralne obserwują podstawowe wskaźniki ekonomiczne, aby ocenić siłę gospodarki, które powinieneś też obserwować i Ty. Są to:

Produkt Krajowy Brutto (PKB), Zatrudnienie Poza Rolnictwem, Zamówienia na Dobra Trwałego Użytku oraz Sprzedaż Detaliczna.

Produkt Krajowy Brutto (PKB)

Produkt Krajowy Brutto (PKB) jest najszerszą dostępną miarą ogólnej aktywności gospodarczej. Podawany kwartalnie wzrost PKB jest powszechnie śledzony jako główny wskaźnik siły gospodarczej.

PKB reprezentuje całkowitą wartość produkcji danego kraju w danym okresie i składa się z zakupów towarów i usług wyprodukowanych w kraju przez osoby fizyczne, przedsiębiorstwa, obcokrajowców i rząd. Ponieważ raporty PKB często podlegają zauważalnej zmienności z kwartału na kwartał i korektom, najlepiej jest śledzić ten wskaźnik rok do roku. Wartościowe może być śledzenie trendu tempa wzrostu w każdej z głównych kategorii PKB w celu określenia mocnych i słabych stron gospodarki. Wysoka wartość PKB jest często związana z oczekiwaniami wyższych stóp procentowych, co często jest pozytywne dla danej waluty, przynajmniej w krótkim okresie. I tak jest, chyba że oczekiwania wzrostu presji inflacyjnej jednocześnie podważają zaufanie do waluty.

Zatrudnienie Poza Rolnictwem (USA)

Raport ten jest miarą liczby osób zatrudnionych w przedsiębiorstwach pozarolniczych. Miesięczne zmiany zatrudnienia odzwierciedlają liczbę netto nowych miejsc pracy utworzonych lub utraconych w ciągu miesiąca, a zmiany te są powszechnie obserwowane jako ważny wskaźnik aktywności gospodarczej.

Zatrudnienie poza rolnictwem jest jednym z podstawowych miesięcznych wskaźników ogólnej aktywności gospodarczej, ponieważ obejmuje każdy główny sektor gospodarki. Przydatne jest również zbadanie trendów w tworzeniu miejsc pracy w kilku kategoriach branżowych, ponieważ łączne dane mogą ukrywać znaczne odchylenia w bazowych trendach branżowych. Duże wzrosty zatrudnienia są postrzegane jako oznaki silnej aktywności gospodarczej, która może ostatecznie doprowadzić do wyższych stóp procentowych wspierających walutę. Jeśli presja inflacyjna będzie postrzegana jako narastająca, może to podważyć długoterminowe zaufanie do waluty.

Zamówienia na Dobra Trwałego Użytku

Zamówienia na dobra trwałego użytku są głównym wskaźnikiem trendów w sektorze produkcyjnym, ponieważ większość produkcji przemysłowej jest wykonywana na zamówienie. Często wskaźnik ten wyklucza zlecenia związane z transportem i obronnością kraju, ponieważ są one na ogół znacznie bardziej zmienne niż pozostałe zlecenia i mogą przesłonić ważniejszy trend bazowy.

Zamówienia na dobra trwałego użytku są również miarą nowych zamówień składanych krajowym producentom na natychmiastową i przyszłą dostawę fabrycznych towarów. Miesięczne zmiany procentowe odzwierciedlają tempo zmian takich zamówień. Poziomy i zmiany w zamówieniach na dobra trwałego użytku są powszechnie śledzone jako wskaźnik dynamiki sektora przemysłowego. Rosnące zamówienia na dobra trwałego użytku są zwykle związane z silniejszą aktywnością gospodarczą i dlatego mogą prowadzić do wyższych krótkoterminowych stóp procentowych, które często wspierają walutę.

Sprzedaż Detaliczna

Sprzedaż Detaliczna jest miarą całkowitych wpływów sklepów detalicznych. Miesięczne zmiany procentowe odzwierciedlają tempo zmian takiej sprzedaży i są powszechnie obserwowane jako wskaźnik wydatków konsumenckich. Sprzedaż detaliczna jest głównym wskaźnikiem wydatków konsumenckich, ponieważ stanowi prawie połowę łącznych wydatków konsumenckich i około jednej trzeciej łącznej aktywności gospodarczej.

Często sprzedaż detaliczna jest śledzona z pominięciem sprzedaży samochodów, ponieważ jest ona na ogół bardziej zmienna niż reszta sprzedaży detalicznej i dlatego może przesłaniać ważniejszy trend bazowy.

Rosnąca sprzedaż detaliczna jest często związana z silną gospodarką, a zatem oczekiwaniem wyższych krótkoterminowych stóp procentowych, które często są pozytywne dla waluty w krótkim okresie.

Regionalne Wskaźniki Ekonomiczne

Wskaźniki regionalne, takie jak raporty Tankan, są bardzo ważne dla japońskiego jena, a zatem mają znaczny wpływ na inne rynki w regionie. Zamówienia na maszyny są również kluczowym elementem danych, ponieważ wpływają na firmy eksportujące, co z kolei wpływa również na walutę.

Dane dotyczące cen towarów i usług konsumpcyjnych z różnych krajów, zwłaszcza Australii, Japonii i Chin są zazwyczaj motorem rynku i są uważnie obserwowane przez profesjonalnych traderów.

Z kolei dane dotyczące Wskaźnika Aktywności Finansowej (PMI) nadają ton danemu miesiącowi i są wczesnym wskaźnikiem aktywności gospodarczej w regionie.

ROZDZIAŁ 10:
Psychologia Tradingu

Psychologia Tradingu

Traderzy na rynku Forex muszą konkurować nie tylko z innymi traderami na tym rynku, ale także ze sobą. Często jako inwestor na rynku Forex będziesz swoim największym wrogiem. Jako ludzie często jesteśmy niezwykle emocjonalni. Nasze ego chce być połechtane. Chcemy udowodnić sobie, że wiemy, co robimy i że potrafimy o siebie zadbać. Nasze emocje i instynkty mogą się łączyć, aby od czasu do czasu zapewnić nam sukcesy w tradingu. Jednak przez większość czasu nasze emocje biorą z nas to, co najlepsze i prowadzą nas do strat, chyba że nauczymy się je kontrolować.

Wielu inwestorów na rynku Forex uważa, że byłoby idealnie, gdybyś mógł całkowicie oddzielić się od swoich emocji. Niestety jest to bardzo trudne, rzekłbym prawie niemożliwe, jednakże niektóre z Twoich emocji mogą faktycznie Ci pomóc być bardziej skutecznym w tradingu. Mądrą rzeczą, jaką możesz zrobić, jest nauczyć się rozumieć siebie jako tradera. Zidentyfikuj swoje mocne i słabe strony, a następnie wybierz styl handlu, który jest dla Ciebie najlepszy. W tym rozdziale opowiem Ci o czterech psychologicznych tendencjach, które mogą mieć wpływ na Twoje wyniki tradingowe oraz o tym, co możesz zrobić, aby je przezwyciężyć: Zbytnia Pewności Siebie, Kotwiczenie, Potwierdzenie oraz Niechęć do Strat.

Zbytnia Pewność Siebie

Zbytnia pewność siebie to nadmierna wiara w swoje umiejętności jako tradera na rynku Forex. Jeśli kiedykolwiek poczujesz, że wszystko już zrozumiałeś i że nie musisz się już niczego więcej uczyć, a pieniądze na rynku są dla Ciebie na wyciągnięcie ręki, to prawdopodobnie cierpisz z powodu nadmiernej pewności siebie.

Zagrożenia Związane ze Zbytnią Pewnością Siebie

Zbyt pewni siebie inwestorzy mają tendencję do wpadania w kłopoty, handlując zbyt często i zbyt agresywnie lub składając bardzo duże zlecenia, dążąc do dużej wygranej. W końcu zbyt pewny siebie trader będzie albo nadmiernie handlował, czyszcząc saldo na koncie, albo ryzykując zbyt wiele w jednej transakcji, która się nie udaje i wymazuje większość salda jego konta.

Czy Jesteś Zbyt Pewny Siebie?

Jeśli chcesz wiedzieć, czy masz jakiekolwiek tendencje do zbytniej pewności siebie, zadaj sobie pytanie, czy kiedykolwiek wskoczyłeś z powrotem do transakcji, którą właśnie zamknąłeś, nie dlatego, że zobaczyłeś kolejną okazję do wejścia, ale dlatego, że nie mogłeś uwierzyć, że się pomyliłeś? Możesz również rozważyć, czy kiedykolwiek przeznaczyłeś na transakcję więcej niż normalnie, tylko dlatego, że byłeś pewien, że transakcja będzie zwycięska? Jeśli tak, musisz być świadomy tych tendencji.

Pokonywanie Zbytniej Pewności Siebie

Najlepszym sposobem na przezwyciężenie zbytniej pewności siebie jest ustanowienie ścisłego zestawu zasad zarządzania ryzykiem. Zasady te powinny obejmować przynajmniej liczbę transakcji, w które wejdziesz w danej chwili, jaką część swojego salda jesteś skłonny zaryzykować na jednej transakcji i jaką część swojego salda możesz stracić, zanim przerwiesz trading i ocenisz swoją strategię. Ograniczając liczbę transakcji, które jesteś gotowy dokonać oraz ryzykowaną kwotę, którą chcesz dokonać transakcji, możesz rozłożyć ryzyko na cały portfel. Dopilnuj, aby ewentualne niepowodzenie było możliwe do przetrwania.

Kotwiczenie

Tendencja do kotwiczenia to tendencja do wiary, że przyszłość będzie wyglądać lub zachowywać się podobnie do teraźniejszości. Kiedy zbyt mocno zakotwiczasz się w teraźniejszości, nie dostrzegasz dramatycznych zmian, które są możliwe, ponieważ pary walutowe się wahają i zmieniają się też fundamenty.

Zagrożenia Związane z Kotwiczeniem

Zakotwiczeni traderzy zwykle wpadają w kłopoty, przekonując samych siebie, że obecny trend nigdy się nie skończy, a odwrócenie siły ekonomicznej danego kraju jest prawie niemożliwe. Wkrótce przywiązują się emocjonalnie do poprzedniego trendu pary walutowej i nadal zawierają transakcje, które są sprzeczne z nowym trendem. Z każdą transakcją tracą coraz większe ilości pieniędzy, ponieważ przeciwstawiają się trendowi.

Czy Ulegasz Kotwiczeniu?

Jeśli chcesz wiedzieć, czy masz jakieś tendencje do kotwiczenia, zadaj sobie pytanie, czy kiedykolwiek straciłeś pieniądze, ponieważ nie mogłeś zaakceptować, że trend się skończył. Jeśli tak, musisz być świadomy tej tendencji.

Pokonywanie Kotwiczenia

Dobrym sposobem na pokonanie tendencji do kotwiczenia jest przyjrzenie się wielu przedziałom czasowym na swoich wykresach. Jeśli zwykle handlujesz na wykresach godzinowych, spójrz od czasu do czasu na wykresy dzienne i tygodniowe, aby zobaczyć, gdzie znajdują się niektóre z długoterminowych poziomów wsparcia i oporu oraz jak wyglądają długoterminowe trendy. Powinieneś również spojrzeć na wykresy krótkoterminowe, aby zobaczyć, kiedy trendy krótkoterminowe się odwracają. Poszerzenie perspektywy pomoże Ci uniknąć zakotwiczenia się w jednym punkcie.

Tendencja do Potwierdzania

Tendencja do potwierdzania to skłonność do szukania tylko informacji, które potwierdzają przekonania, które już posiadasz. Na przykład, jeśli uważasz, że para EUR/USD pójdzie w górę, będziesz szukać wiadomości, wskaźników technicznych i fundamentalnych czynników, które wspierają Twoje przekonanie.

Zagrożenia Związane z Szukaniem Potwierdzenia

Traderzy, którzy aktywnie dążą do potwierdzenia swoich przekonań, mają tendencję do pomijania kluczowych znaków ostrzegawczych, które normalnie chroniłyby ich przed niepotrzebnymi stratami. Traderzy, próbując zbudować argumenty przemawiające za swoimi przekonaniami, pomijają fakty. Ostatecznie prowadzi to do walki z trendem i utraty pieniędzy na swoich transakcjach.

Szukasz Potwierdzenia?

Jeśli chcesz wiedzieć, czy masz jakieś tendencje do potwierdzenia, zastanów się, jak często szukasz oznak, że możesz się mylić w swojej analizie? Jeśli Twoja odpowiedź brzmi rzadko lub wcale, możesz być poszukiwaczem potwierdzeń i musisz być tego świadomy.

Pokonywanie Tendencji do Potwierdzania

Jednym ze sposobów przezwyciężania skłonności do potwierdzania jest znalezienie kogoś lub grupy osób, z którą możesz porozmawiać o swoim tradingu. Mam nadzieję, że osoba lub grupa, z którą rozmawiasz o swoim tradingu, nie zawsze się z Tobą zgadza. Rozmowa z traderami, którzy mają różne spojrzenia i pomysły, pomoże Ci spojrzeć na swoje transakcje z różnych perspektyw. Czasami wzmocnisz swoje przekonania rozmawiając z innymi traderami. Innym razem rozmowa z partnerami handlowymi spowoduje zmianę obranego przez Ciebie wcześniej kursu. Utrzymanie otwartego umysłu pomoże Ci nauczyć się nowych strategii i uniknąć zbyt długiego trzymania się starych przekonań.

Niechęć do Strat

Tendencja do niechęci do strat opiera się na teorii, że ból spowodowany utratą 1000 dolarów jest większy niż radość płynąca z zarobienia 1000 dolarów. Mówiąc bardziej bezpośrednio, strach jest silniejszym motywatorem niż chciwość.

Zagrożenia Związane z Niechęcią do Strat

Traderzy, którzy obawiają się strat, są znacznie bardziej skłonni do utrzymywania stratnych pozycji niż traderzy, którzy są w stanie zaakceptować krótkoterminowe straty i przejść na inne, bardziej zyskowne transakcje. Trzymanie się przegranych pozycji niszczy stabilność Twojego konta, gdyż nie tylko ponosisz straty, ale także jesteś z dala od lepszych transakcji.

Obawiasz się Strat?

Jeśli chcesz wiedzieć, czy masz jakąkolwiek niechęć do strat, zadaj sobie pytanie, czy kiedykolwiek trzymałeś się przegranej transakcji na długo poza moment, w którym już wiedziałeś, że powinieneś z niej wyjść, ponieważ miałeś nadzieję, że dojdzie do odwrócenia i odzyskasz straty? Jeśli tak, musisz być świadomy tych tendencji.

Pokonywanie Niechęci do Strat

Dobrym sposobem na przezwyciężenie niechęci do strat jest handel z ustawionymi zleceniami stop-loss. Wielu traderów mówi sobie, że będzie handlować z mentalnym stop-lossem, czyli stop-lossem, o którym myślą i obiecują sobie, że zrealizują go, jeśli para walutowa kiedykolwiek go osiągnie. Jednak traderzy zbyt często ignorują taki stop-loss, gdy para walutowa faktycznie osiąga dany pułap i nie reagują na swoje mentalne stop-lossy. Pozwalają się zdominować swoim emocjom i zaczynają racjonalizować swój wybór, aby pozostać w transakcji, dopóki trend się nie odwróci. Jak tylko wejdziesz w transakcję, od razu musisz ustawić zlecenie stop-loss. To pomoże wykluczyć Twoje emocje z tradingu.

ZAKOŃCZENIE

Dziękuję za dotarcie do końca mojej książki pt. "*Zaawansowana Analiza Techniczna Dla Rynku Forex*". Mam nadzieję, że wiele z niej wyniosłeś i dostarczyła Ci narzędzi, których potrzebujesz, aby osiągnąć swoje cele tradingowe przy użyciu zaawansowanej analizy technicznej dla rynku Forex oraz zarabiania na tym pieniędzy. Następnym krokiem będzie przetestowanie swoich umiejętności w handlu i zbudowanie kapitału. Da Ci to motywację, której potrzebujesz, aby odnieść sukces.

Mam też kilka innych książek na temat różnych aspektów tradingu i klas aktywów, sprawdź je koniecznie!

PROFIL AUTORA

Wayne Walker jest dyrektorem globalnej firmy zajmującej się edukacją i doradztwem w zakresie rynków kapitałowych (gcmsonline.info). Posiada wieloletnie doświadczenie w szkoleniu i kierowaniu zespołami Doradców Inwestycyjnych oraz zarządzaniu zespołami osiągającymi najlepsze wyniki w Grupie Klientów Prywatnych w oparciu o Benchmark Dochodów (BME).

www.ingramcontent.com/pod-product-compliance
Lightning Source LLC
LaVergne TN
LVHW060302051026
849517LV00003B/926